AF225299